Ce livre appartient à :

____

TYRANNOSAURUS REX
PTERODACTYLUS
SPINOSAURUS
TRICERATOPS
STEGOSAURUS
PLESIOSAURUS
BRACHIOSAURUS

Silvisaurus
Lirainosaurus 
Iguanodone 
Brontosaurus 
Isanosaurus 
Ichthyosaurus 
Mosasaurus 
Diplodocus 
Styracosaurus 
Baryonyx 
Raptor 
Stegosaurus 
Tsintaosaurus 
Ankilosaurus 
Parasaurolophus 
Europasaurus 
Cuelophysis 
Allosaurus 
Spinosaurus 
Brachiosaurus 
Pterodactyl 
Gallimimus 
Tyrannosaurus 
Carnotaurus